In Liebe gewidmet unseren Enkelsöhnen
Timon und Linus

Annelie Knacksterdt

Engel und Gebet

Bilder und Gedanken
zu Psalm 91, 11 und zum Vaterunser

Bibliografische Information der Deutschen
Nationalbibliothek
Die Deutsche Nationalbibliothek verzeichnet diese
Publikation in der Deutschen Nationalbibliografie;
detaillierte bibliografische Daten sind im Internet
über http://dnb.d-nb.de abrufbar

Herstellung und Verlag:
Books on Demand GmbH, Norderstedt

ISBN: 978-3-8370-8929-5

Vorwort

Kunst im sakralen Raum - das sind für mich Skulpturen und Gemälde, Texte und musikalische Werke, die Menschen ansprechen und sie berühren, ihnen von der Bibel und dem Wirken Gottes in der Welt und bei den Menschen erzählen.

Unter diesen Gesichtspunkt habe ich seit dem Ende der neunziger Jahre meine künstlerischen Aktivitäten gestellt. Meine Bilderzyklen orientieren sich an biblischen Texten; sie wollen Geschichten erzählen, wie sie dort aufgezeichnet sind. Sie wollen vom Wirken Gottes in der Welt erzählen.

Anlässlich vieler Ausstellungen in Kirchen der Ev.-luth. Kirche in Oldenburg und an anderen Orten haben sich Menschen von meinen Bildern ansprechen und vielleicht auch zum Nachdenken und Nachlesen anregen lassen.
Mit diesem Buch möchte ich einen Teil meiner Arbeiten auch auf diesem Wege bekannt machen.

Ich hoffe, dass Ihnen meine Bilder und auch die Texte und Gebete Anstöße geben, sich mit den Themen dieses Buches weiter auseinander zu setzen.

Oldenburg, im Februar 2009

Annelie Knacksterdt

Psalm 91, 11

"Er hat seinen Engeln befohlen,
dass sie dich behüten auf allen
deinen Wegen"

Sieben Gemälde
60 x 110 cm
Öl auf Leinwand
2003 / 2004

Der Engel des Werdenden

Mensch.

Liebevolle Umarmung.
Zwei Menschen werden eins.
Nur Momente später:
Gottes Wirken.
Zellen teilen sich,
ein Mensch entsteht.
Erstes Werden,
erstes Wachsen,
sich Entwickeln.

Engel.

Nur Sekunden vergehen.
Dein Auftrag.
Ein Mensch.
Wachsam sein,
Unheil abwenden,
Mutter und Werdendes
behüten,
beschützen,
umsorgen.

Engel und Mensch

Der Engel der Versöhnung

Mensch

Ja. Nein. Nein. Ja.
Mein Recht.
Du: Nein. Ich habe Recht.
Lärm. Streit. Scherben.
Tränen. Verzweiflung.
Geh.
Ich gehe.
Geh doch.
Mutlosigkeit.
Hoffnungslosigkeit.
Einsamkeit.

Engel

Hände festhalten.
Getrenntes zusammenbringen.
Streit schlichten.
Hoffnung wecken.
Vertrauen neu aufbauen.
Versöhnen.

Engel und Mensch

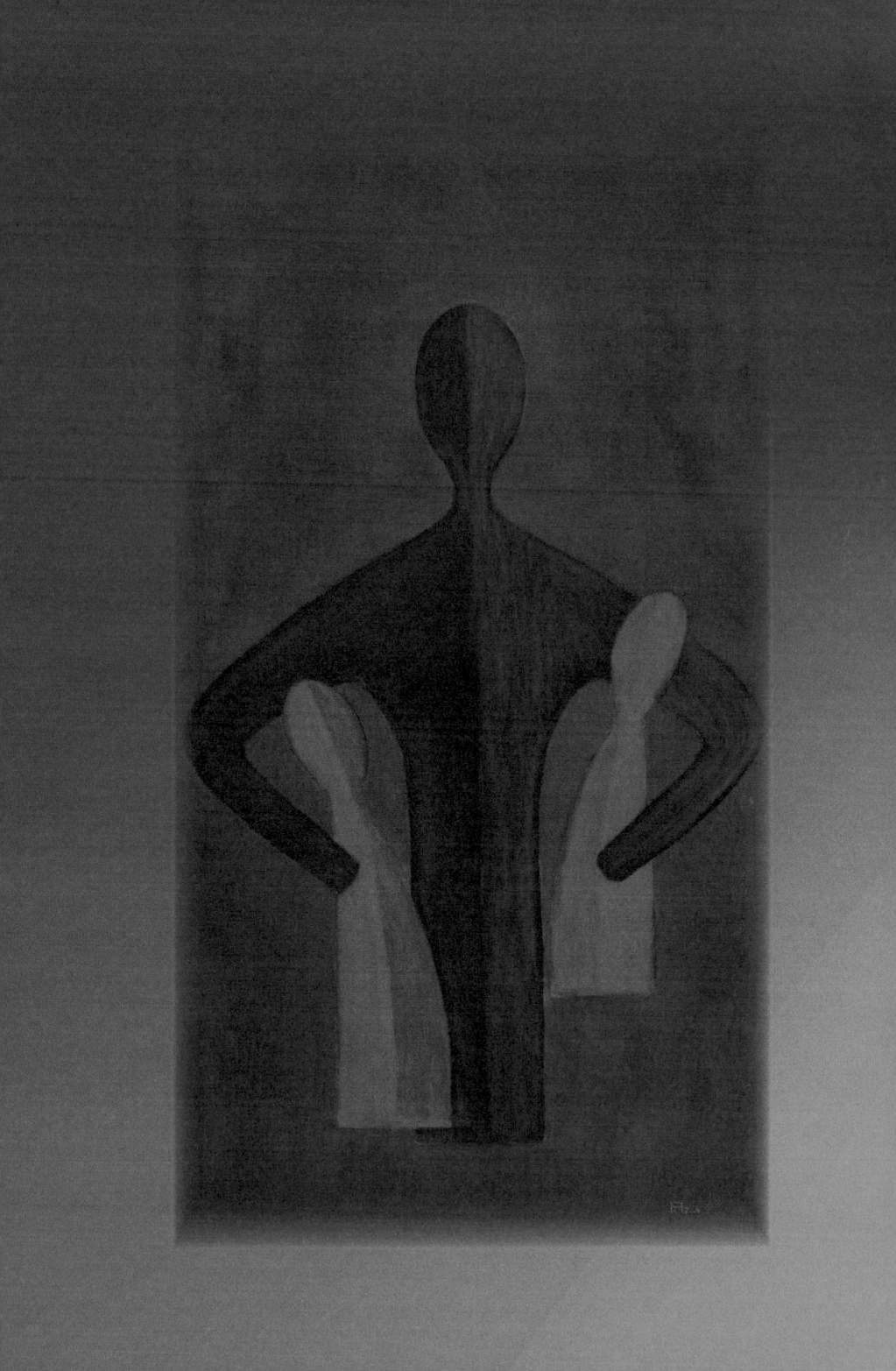

Der Engel der Liebenden

Mensch.

Lieben.
Vertrauen.
Aneinander glauben.
Umarmungen.
Blicke. Berührungen.
Innige Nähe.
Gemeinsam schweigen, reden.
Gemeinsam lachen, weinen.
Lieben.

Engel

Wachsames Umfangen.
Einhüllen in Wärme.
Geborgenheit.
Schutz vor Kälte,
vor Neid, Hass, Gewalt.
Einfach da sein.
Helfen. Schützen. Wärmen.

Engel und Mensch

Der segnende Engel

Engel

Der Herr segne dich
und er behüte dich.
Der Herr lasse sein Angesicht leuchten über dir
und sei dir gnädig.
Der Herr erhebe sein Angesicht auf dich
und schenke dir Frieden.

Mensch

Meine Arme will ich ausbreiten,
den Segen des Herrn zu empfangen.
Mein Herz will ich öffnen,
seine Wärme und Liebe zu spüren.
Meine Stimme will ich erheben, sein Lob zu
singen.
Dein Bote, Herr, bringt mir die Kraft zum
Leben.
Danke, mein Gott und mein Herr.

Mensch und Engel

Der Engel des Trostes

Mensch

Traurigkeit, Schmerz, Wehmut. Mein Herz ist
voll davon, nichts anderes hat mehr Platz darin.
Mutlosigkeit, Verzweiflung, Einsamkeit hat
mich ergriffen.
Ich schwimme in einem Meer von Tränen,
woher kommt mir Hilfe?
Ich will allein sein in meinem Schmerz, die Welt
will ich nicht sehen, hören, fühlen.

Engel

Folge deiner Trauer, lass sie zu. Lass deinen
Gedanken freien Lauf, einfach so...
Zünde eine Kerze an in der Dämmerung, auch in
der Dämmerung deiner Seele.
Lass dich vom Engel umarmen, trösten.
Seine Nähe - sie wird dir gut tun. Deine
Traurigkeit wird schwinden, du bist nicht allein.

Mensch und Engel

Der Engel des Gebetes

Mensch

Wie nur, mein Gott,
soll ich mit dir reden?
Meiner Worte sind zu wenige,
um vor dir zu sprechen.
Meine Gedanken - ein Durcheinander.
Mein Herz - zu schwer zum Danken. Oder zu
voll mit Freude.
Du wirst mich nicht hören,
nicht sehen in meiner Angst und Not, und auch
nicht in meinem überschäumenden Glück. Mein
Gebet wird dich nicht erreichen...

Engel

Sprich nur, sprich. Denke und sage alles, einfach
so, was der Herr wissen soll.
Ich will mit dir niederknien,
mit dir gemeinsam beten.
Du wirst spüren: der Herr hört deine Not, deine
Freude, deinen Dank,
Und hilft dir in deiner Not.

Mensch und Engel

Der Engel der letzten Stunde

Mensch

Angst.
Vor dem Schmerz.
Vor dem Sterben.
Vor der Leere.
Vor der Einsamkeit.
Vor dem Tod, dem ewigen Dunkel.
Vor Gott, dem Richter.
Angst vor der Trauer
meiner Lieben.
Was wird sein?

Engel

Ich geleite dich.
Du wirst nicht allein gehen müssen.
Durch Schmerz, Angst, Tod
geleite ich dich.
Ich führe dich in das ewige Licht.
Dein Gott ist gnädig,
ein liebender Gott.
Deine Last wird von dir genommen.
Der Tod wird nicht mehr sein.

Mensch und Engel

Abba, lieber Vater

Neun Gemälde
40 x 120 cm
Öl auf Leinwand
2008

Abba - lieber Vater...

Neun Bilder in den Farben des Regenbogens: ein Element des "Alten Bundes" und ein Element des "Neuen Bundes". Bilder für die Anrede, die sieben Bitten und die sogenannte Doxologie.

So schreiben die Evangelisten

Matthäus schreibt in Kap. 6,9-13:
Darum sollt ihr so beten:
Unser Vater im Himmel! Dein Name werde geheiligt.
Dein Reich komme.
Dein Wille geschehe wie im Himmel so auf Erden.
Unser tägliches Brot gib uns heute.
Und vergib uns unsere Schuld, wie auch wir vergeben unsern Schuldigern.
Und führe uns nicht in Versuchung, sondern erlöse uns von dem Bösen.
Später wurde ergänzt:
Denn dein ist das Reich und die Kraft und die Herrlichkeit in Ewigkeit. Amen.

Lukas faßt sich wesentlich kürzer in Kap.11,2-4
Er aber sprach zu ihnen:
Wenn ihr betet, so sprecht:
Vater!
Dein Name werde geheiligt.
Dein Reich komme.
Unser tägliches Brot gib uns Tag für Tag
und vergib uns unsre Sünden; denn auch wir vergeben allen, die an uns schuldig werden.
Und führe uns nicht in Versuchung.

Und so beten wir, wie es uns Jesus gelehrt hat:

Vater unser im Himmel

geheiligt werde dein Name,

dein Reich komme,

dein Wille geschehe, wie im Himmel, so auf Erden,

unser tägliches Brot gib uns heute,

und vergib uns unsere Schuld, wie auch wir vergeben unseren Schuldigern,

und führe uns nicht in Versuchung,

sondern erlöse uns von dem Bösen.

Denn dein ist das Reich und die Kraft und die Herrlichkeit in Ewigkeit.

Amen.

Die Anrede
Vater unser im Himmel

Abba, lieber Vater!
So betet Jesus im Garten von Gethsemane.
Und so dürfen auch wir beten, Gott anreden als
liebenden, geliebten Vater.
Welch eine Zusage unseres Gottes:
ER ist unser Vater!

Die erste Bitte
Geheiligt werde dein Name.

Dein Name, Herr!
Die Engel im Himmel und wir Menschen auf der Erde preisen deinen heiligen Namen. Unser Ruf geht hinauf zu dir. JAHWE. Heilig, heilig, heilig ist Gott, der Herr Zebaoth...

Die zweite Bitte
Dein Reich komme.

Zu uns, Herr, möge dein Reich kommen, zu uns auf die Erde. Die kommende Stadt, das neue Jerusalem. Siehe! Die Hütte Gottes bei den Menschen! Und du wirst bei uns wohnen, und wir werden dein Volk sein. Du wirst abwischen alle Tränen, und der Tod wird nicht mehr sein (nach Off. 21,2-4)

Die dritte Bitte
Dein Wille geschehe, wie im Himmel, so auf Erden

Herr, lass deinen Willen geschehen auf der Erde, die du erschaffen hast, wie im Himmel. Dein Wort, wie wir es im Buch der Bücher lesen, soll auf dieser Erde herrschen, wie im Himmel.

Die vierte Bitte
Unser tägliches Brot gib uns heute.

Gib uns heute unser Brot, Herr. Nicht mehr als das notwendige, wie dein Volk auch nur für einen Tag das Manna in der Wüste sammelte. Brot und Wein in unsere Hände, und dein Wort in unsere Herzen...

Die fünfte Bitte
Vergib uns unsere Schuld, wie auch wir vergeben unseren Schuldigern

Erlass uns unsere Schulden, wie wir sie unseren Schuldnern erlassen haben (Mt. 6,12). Befreie uns aus dem Schuldturm, aus dem Gefängnis unserer Verstrickungen, Ängste, Nöte. Hilf uns auch, unsere Lasten abwerfen; die Zeit dafür ist gekommen...

Die sechste Bitte
Führe uns nicht in Versuchung

Lass uns, Herr, nicht in wirkliche Versuchung geraten, in die Versuchung, uns von dir abzuwenden. Stell uns nicht auf die Probe, denn wir haben Angst, sie nicht zu bestehen. Lass nicht unsere dunkle Seite, unser dunkles Ich Gewalt über uns erlangen.

Die siebte Bitte
Erlöse uns von dem Bösen

Herr, wir schreien zu dir. Erlöse, befreie uns von Gier und Geiz, Eitelkeiten und Machtstreben, Rücksichtslosigkeit und Gleichgültigkeit, Neid und Missgunst... Befreie uns von allem, was uns von dir trennt.

Die Doxologie

Denn dein ist das Reich und die Kraft und die Herrlichkeit in Ewigkeit. Amen.

Dein, Herr, sind Größe und Kraft, Ruhm und Glanz und Hoheit; dein ist alles im Himmel und auf Erden. Herr, dein ist das Königtum. Du erhebst dich als Haupt über alles (1.Chronik 29,11-13)

So sei es. Amen. Amen. Amen.

Annelie Knacksterdt

Autodidaktin auf dem Gebiet der
Bildenden Kunst, habe ich im
Jahre 1983 mit der Malerei
begonnen.

In den ersten Jahren meiner
künstlerischen Aktivität lag der
Schwerpunkt auf 'geträumten
Landschaften', außerdem sind in
dieser Zeit Einzelwerke mit Motiven unterschiedlichster Art
entstanden.
Die sehr positive Bewertung meiner Arbeiten durch die
Betrachter hat mich motiviert, auf dem Gebiet der Malerei
fortzufahren.
Ende der neunziger Jahre habe ich meine künstlerische Linie
auf Bilderzyklen und Einzelbilder mit biblischer Thematik
verlegt. In der Bibel finde ich seit dieser Zeit die Texte, die
darzustellen mir ungeheuer viel Freude bereitet.

Die überaus positive Aufnahme meiner Werke durch die
Betrachter in vielen Ausstellungen in Kirchen der Ev.-luth.
Kirche zu Oldenburg, im privaten Umfeld und anderswo hat
mich bestärkt, auf diesem Wege fortzufahren.

Meinem lieben Mann danke ich für die vielfältige
Unterstützung bei der Realisierung dieses Buchprojektes,
meiner Familie für die konstruktive Kritik bei der Entwicklung
und dem Malen der Bilder.

Kontakt:
Annelie Knacksterdt
August-Schwettmann-Str. 4
26125 Oldenburg
eMail: annelie.knacksterdt@ewetel.net

Übersicht über die bisher erstellten Bilderzyklen

genesis 2000 - sieben tage der schöpfung 1999

Passion und Auferstehung 2003

Psalm 91, 11- Er hat seinen Engeln befohlen
2004/2005

exodus - gottes volk auf dem weg 2005/2006

Maria. Frau. Mutter. Heilige 2007

Abba, lieber Vater 2008

Für eigene Gedanken

Für eigene Gedanken